Mi Diario Positivo

ESTE DIARIO PERTENECE A:

NOMBRE: _______________________________

"No debes ser brillante para empezar, pero debes empezar para llegar a ser brillante" – Zig Ziglar

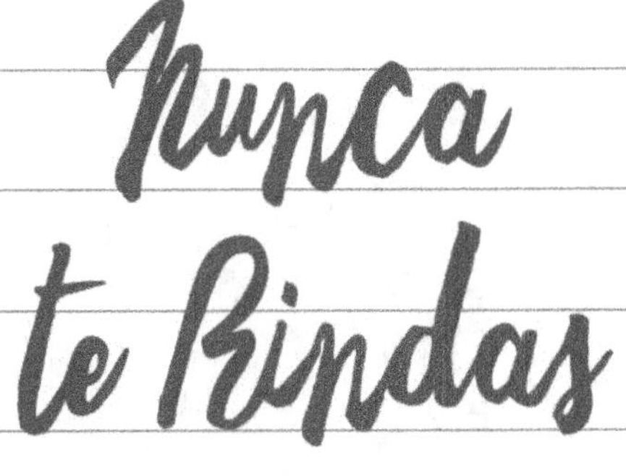

"No le temo a las tormentas ya que estoy aprendiendo
como navegar mi barco" – Louisa May Alcott

"Ya sea que pienses que puedes o que no puedes estas
en lo correcto" – Henry Ford

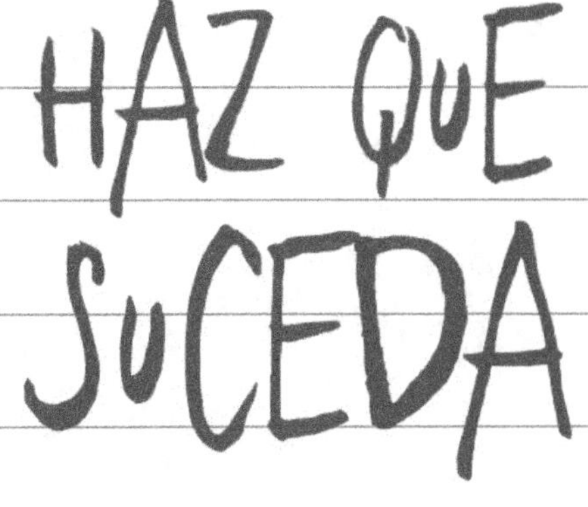

"Somos lo que hacemos repetidamente. La excelencia por lo tanto no es un acto sino un hábito" – Aristóteles

"El éxito es un estado mental, si quieres tener éxito
empieza a pensar en ti como una persona exitosa"
– Dr. Joyce Brothers

"La persistencia puede transformar el fracaso en éxito
extraordinario" – Matt Biendi

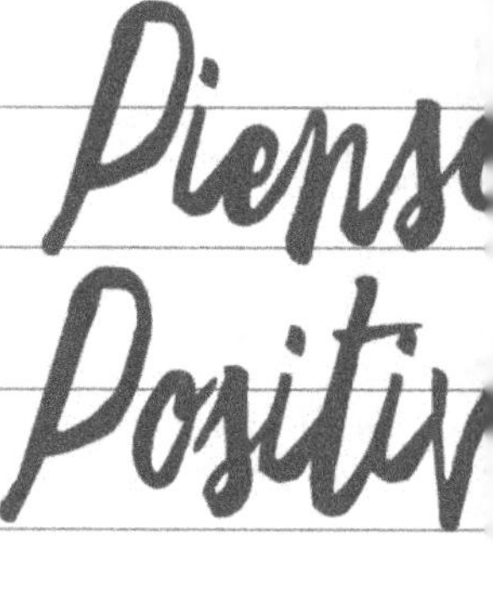

"Nadie puede hacerte sentir inferior sin tu consentimiento" – Eleanor Roosevelt

"La persistencia garantiza que los resultados sean inevitables" – Paramahasa Yogananda

"Muchas de las personas que han fracasado en la vida son aquellos que no se dieron cuenta lo cerca que estaban de conseguir el éxito cuando se dieron por vencidos" -
Thomas Edison

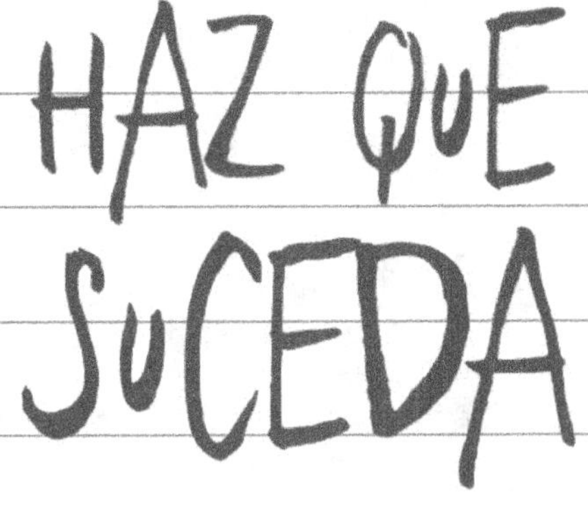

"Si algo es lo suficientemente importante, aun si las probabilidades están en tu contra, debes continuar haciéndolo" – Elon Musk

"Lo que sea que hagas, hazlo bien" – Walt Disney

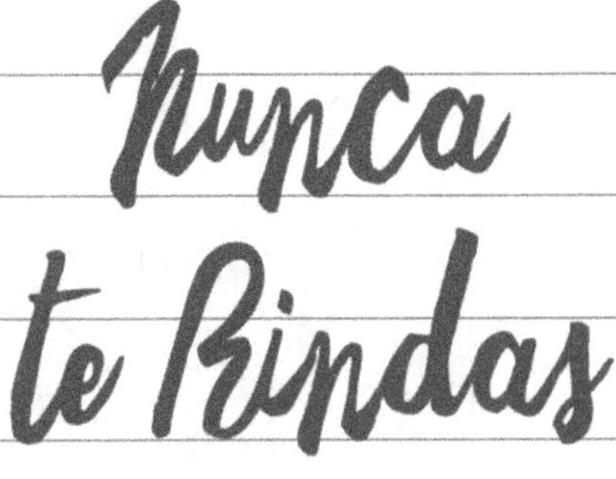

"Si lo puedes soñar, lo puedes lograr" – Walt Disney

"Ten una buena idea y permanece con ella. Analízala y trabaja en ella hasta que lo hagas bien" - Walt Disney

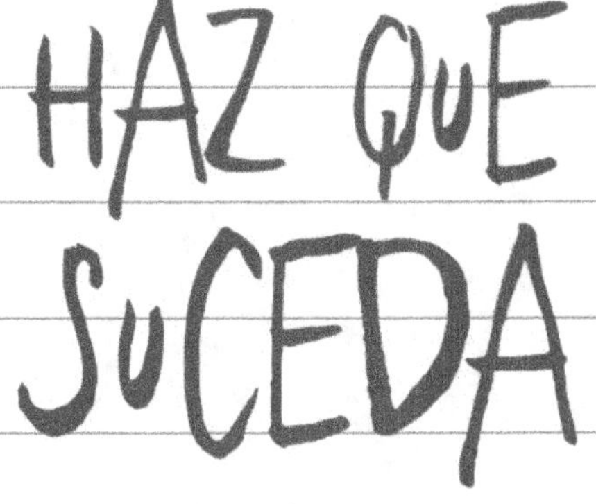

"Primero, piensa. Segundo, cree. Tercero sueña. Y finalmente atrévete" – Walt Disney

"La mejor manera de empezar es dejar de hablar y
empezar a actuar" – Walt Disney

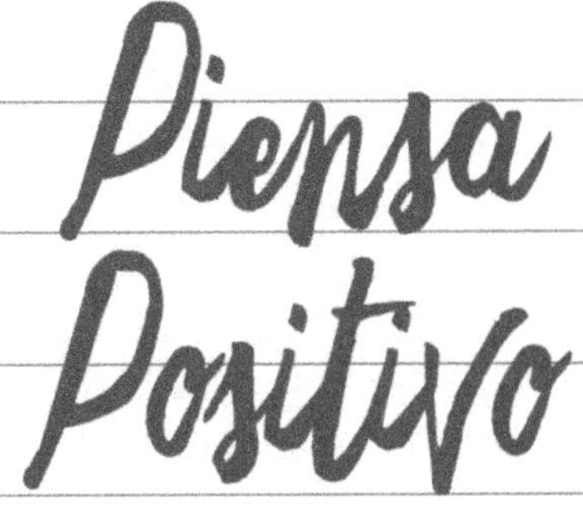

"El mayor problema del mundo es que mucha gente se vuelve adulta" – Walt Disney

"Todos nuestros sueños pueden volverse realidad si tenemos el valor de ir tras ellos" – Walt Disney

"La motivación es lo que te hace empezar. Los hábitos es lo que te hace seguir adelante" – Jim Rohn

"Solo deja para mañana lo que estás dispuesto a dejar
inconcluso antes de morir" – Pablo Picasso

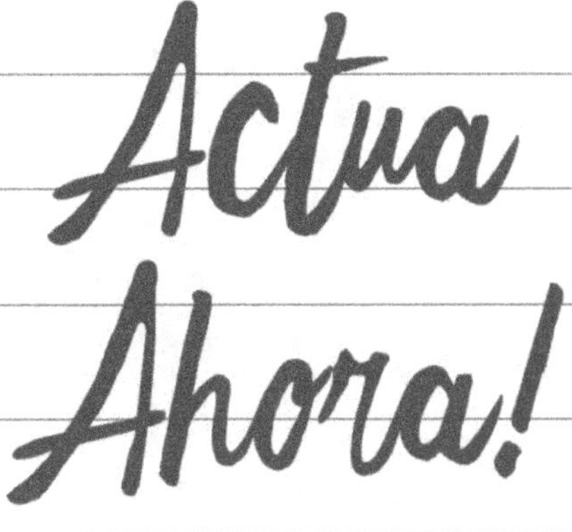

"Empieza mientras otros están postergando. Trabaja
mientras otros están deseando" – William Athur Ward

"La única diferencia entre el éxito y el fracaso es la habilidad de tomar acción" – Alexandre Graham Bell

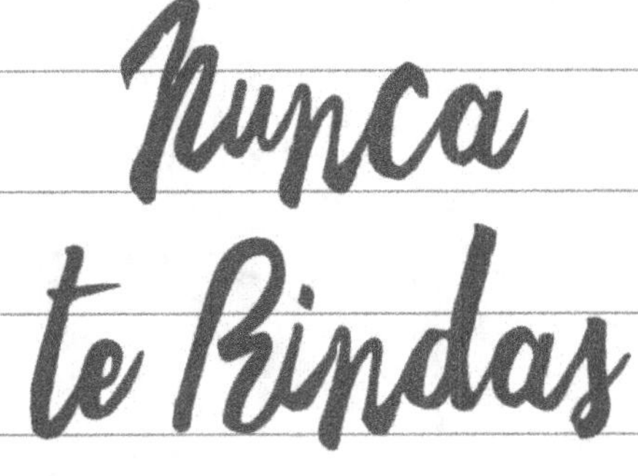

"Deja de hablar y empieza a andar" – L.M. Heroux

"Una vez que reemplazas los pensamientos negativos por pensamientos positivos empiezas a tener resultados positivos" – Willie Nelson

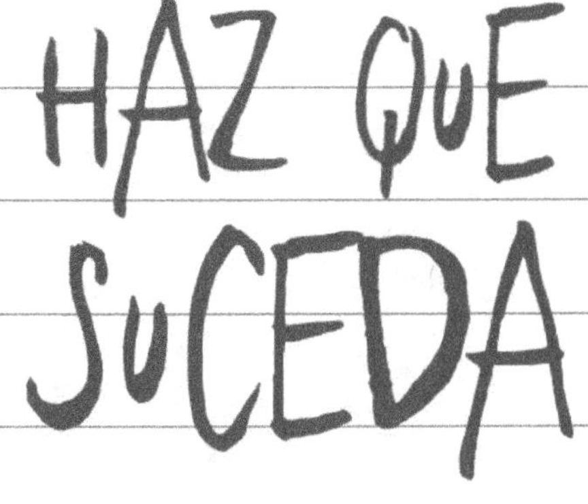

"Observa profundo dentro de la naturaleza y entonces entenderás todo mucho mejor" – Albert Einstein

"El propósito de la vida no es ir mas allá que los demás sino mas allá de nosotros mismos" – E. Joseph Cossman

"Nunca permitas que tus memorias sean más grandes que tus sueños" – Doug Ivester

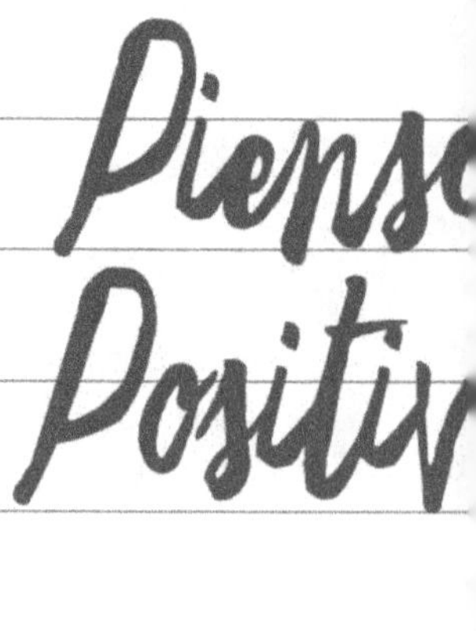

"No desees que sea más fácil, desea que tú seas mejor"
Jim Rohn

"Seleccionar una meta y permanecer con esa meta lo cambia todo" – Scott Reed

"No debemos confundir tener posesiones materiales con tener éxito, el éxito es un estado mental en donde nos sentimos orgullosos y a gusto con lo que hacemos" – Frank Mullani

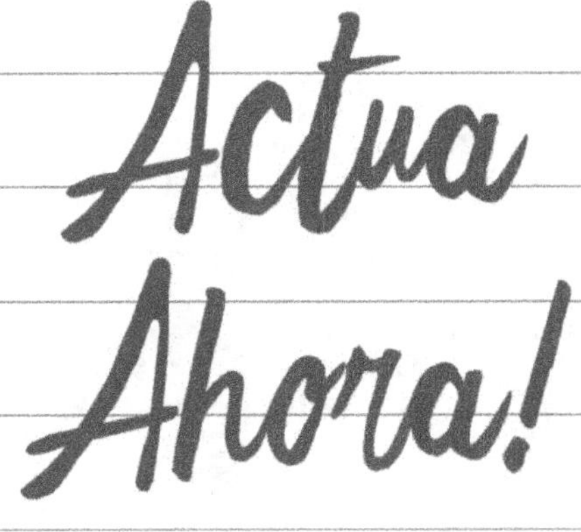

"La acción es la llave fundamental para todo el éxito"
– Pablo Picasso

"No es lo que conseguimos sino en lo que nos convertimos y lo
que contribuimos lo que le da significado a nuestra vida"
– Tony Robbins

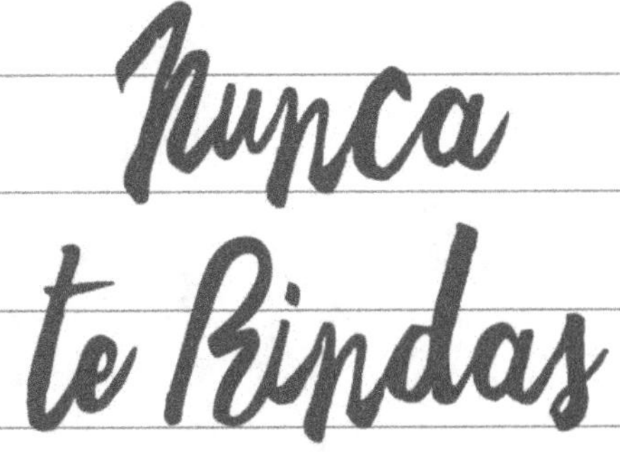

"Fijarse metas es el primer paso para convertir lo invisible en algo visible" – Tony Robbins

"Tu pasado no equivale a tu futuro" – Tony Robbins

HAZ QUE SUCEDA

"Identifica tus problemas, pero dedica tu poder y tu energía a encontrar las soluciones" – Tony Robbins

"Siempre has un esfuerzo total. Aun si las posibilidades están e
tu contra" – Arnold Palmer

"La mejor forma de predecir el futuro es inventándolo"
– Alan Kay

"Cambia tus pensamientos y cambia tu mundo"
– Norman Vincent Peale

"Algún día no es un día de la semana" – Denise Brennan Nelson

"El propósito de nuestras vidas es ser felices" – Dalai Lama

"Obsesionado es tan solo la palabra que los perezosos usan para describir a los dedicados" – Russell Warren

"Entre más duro trabajo más suerte tengo" – Gary Player

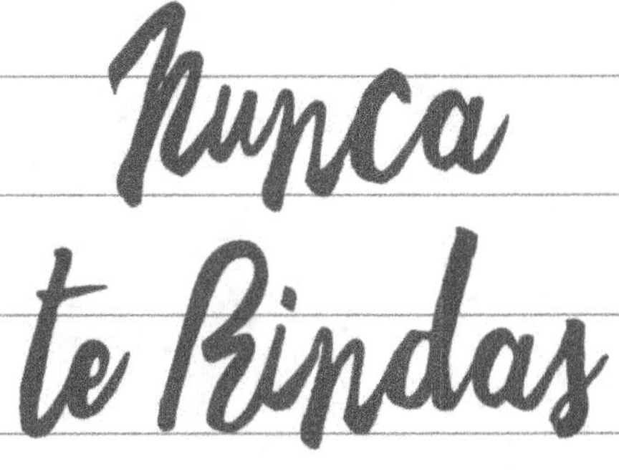

"Entre más quiero hacer algo, menos lo llamo trabajo"
— Richard Bach

"Entre más quiero hacer algo, menos lo llamo trabajo"
– Richard Bach

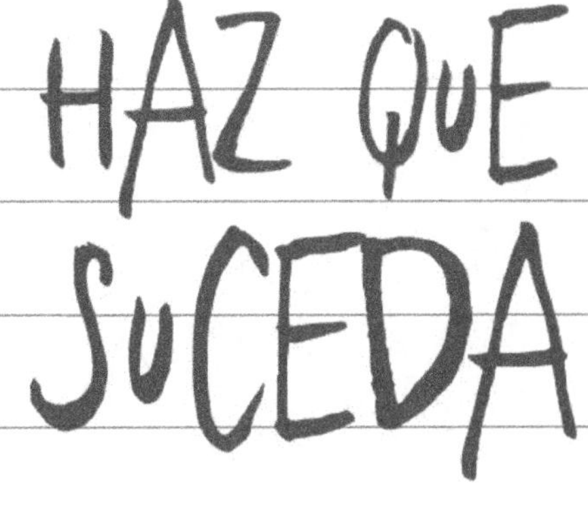

"Haz lo que amas y el dinero te seguirá" – Marsha Sinetar

"Haz lo que puedas en donde estas ahora con lo que tienes
ahora" – Teddy Roosevelt

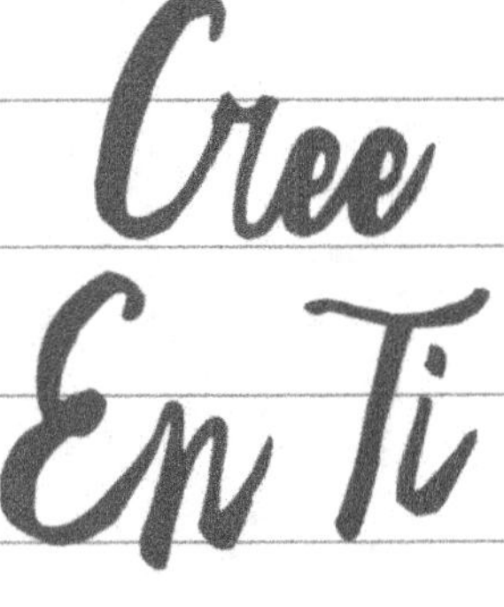

"Si no existe la lucha no existe el progreso"
– Frederick Douglass

Piensa Positivo

"Para evitar las críticas, no hagas nada, no digas nada, no seas nada" – Elbert Hubbard

"Nunca es demasiado tarde para llegar a ser lo que hubieses podido ser" – George Eliot

"Todo lo que siempre has querido se encuentra al otro lado del miedo" George Addair

"No esperes para empezar. Jamás será el tiempo perfecto" –
Napoleón Hill

"Dentro de un año vas a desear que hubieras empezado hoy"
Karen Lamb

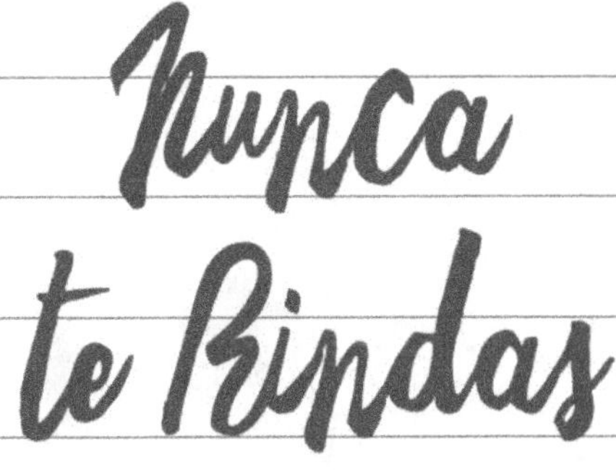

"Piensa que puedes y ya estarás a mitad de camino"
– Theodore Roosevelt

"Cuando llegues a un camino sin salida, toma un desvío"
— Mary Kay Ash

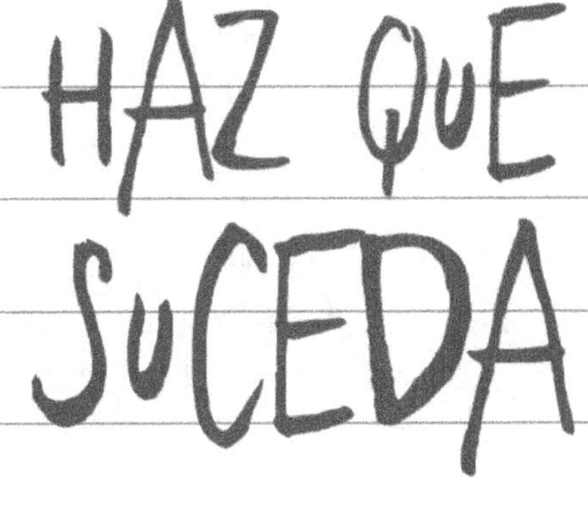

"Ilumina el mañana con el hoy" – Elizabeth Barrett Browning

"No cuentes los días, haz que los días cuenten" – Muhammad Al

Cree y actúa como si fuese imposible fallar" – Charles Kettering

"Cada momento es un nuevo comienzo" – T.S. Eliot

"Los mejores sueños suceden cuando estas despierto"
– Cherie Gilderbloom

"Haz de cada día un día con propósito" – Frank Mullani

El poder de nuestra imaginación nos hace infinitos" – John Muir

Piensa Positivo

"Solo existe una forma de éxito: ser capaz de vivir la vida a tu manera" – Christopher Morley

"Sueña en grande y atrévete a fallar" – Norman Vauhan

"El éxito es ir de fracaso en fracaso sin perder el entusiasmo"
Winston Churchill

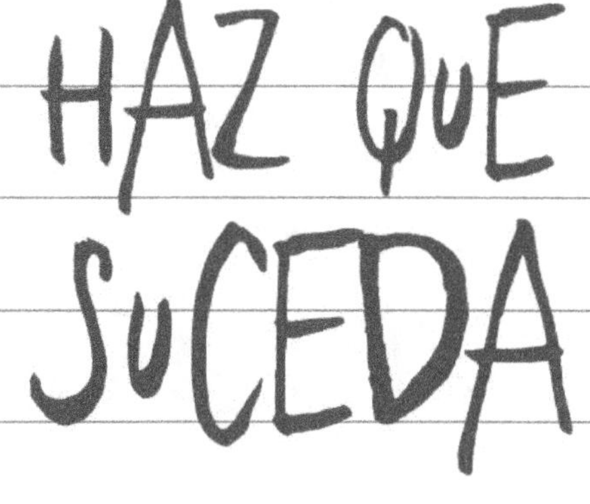

"Un camino de mil millas comienza con un paso" – Lao Tzu

"Evitar el fracaso es como evitar el progreso" – Anónimo

"Jamás soñé con el éxito. Trabajé para ello" – Estee Lauder

"Algunas veces ganas, algunas veces aprendes" – John Maxwell

En lugar de pensar en donde serán tus próximas vacaciones, tal vez podrías diseñar una vida de la que no tengas que escapar"
Seth Godin

"Jamás abandones tu sueño tan solo por el tiempo que te va a tomar alcanzarlo. El tiempo pasará de todas maneras"
– Earl Nightingale

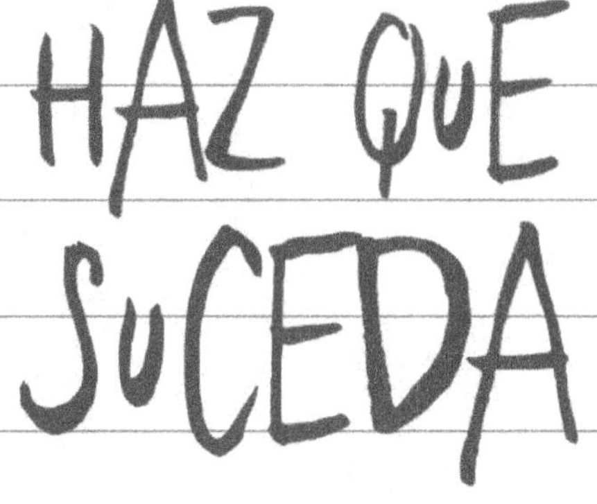

"El pasto es más verde donde le proporcionas agua"
– Neil Barringham

"Si quieres vivir una vida feliz átala a una meta no a personas u objetos" – Albert Einstein

"Hazlo con pasión o no lo hagas del todo" – Nouchette Carey

Piensa
Positivo

"Tú tienes que ser el cambio que espera ver en el mundo" –
Mahatma Gandhi

HAZ QUE SUCEDA

"Tu zona de confort es un lugar maravilloso, pero nada crece jamás allí" – Anónimo

"La genialidad es un 1% inspiración y un 99% transpiración" -
Thomas Edison

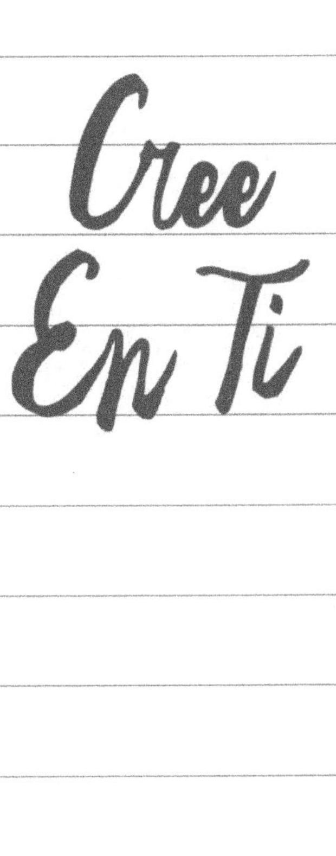

"La genialidad es un 1% inspiración y un 99% transpiración" –
Thomas Edison

"Tú vas a triunfar porque la mayoría de la gente es perezosa" -
Shahir Zag

Cree
En Ti

"Los campeones siguen jugando hasta que obtienen el resultado"
– Billie Jean King

"No existe un camino a la felicidad. La felicidad es el camino" -
Thich Nhat Hanh

"Destruyo a mis enemigos cuando los convierto en mis amigos" –
Abraham Lincoln

"Lo que adquieres cuando alcanzas tus metas no es tan importante como en lo que te conviertes cuando alcanzas tus metas" – Henry David Thoreau

"Si el plan no funciona entonces cambia el plan, pero jamás tu meta" – Anónimo

"Siempre mantenga sus ojos abiertos. Continúe observando, porque cualquier cosa que vea puede llegar a inspirarlo" Grace Coddington

HAZ QUE SUCEDA

"El optimismo es esa cualidad que más se asocia con el éxito y con la felicidad más que ninguna otra" – Brian Tracy

"La creatividad es inteligencia mientras se divierte"
– Albert Einstein

"Cualquiera que haya hecho algo de importancia fue disciplinado"
– Andrew Hendrixson

"La vida se encoje o se expande de acuerdo al esfuerzo y la valentía de cada uno" – Anais Nin

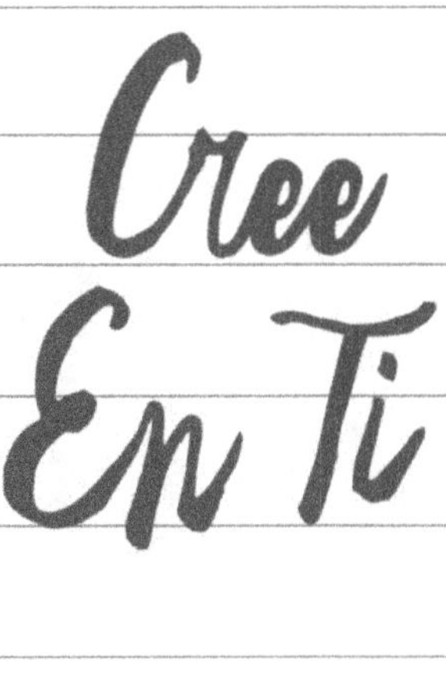

"La gente dice muchas veces que la motivación no dura. Bueno tampoco dura el baño, es por esta razón que se recomienda hacerlo diariamente" – Zig Ziglar

"Los dos días más importantes en tu vida es cuando naces y el día en que entiendes para que naciste" – Mark Twain

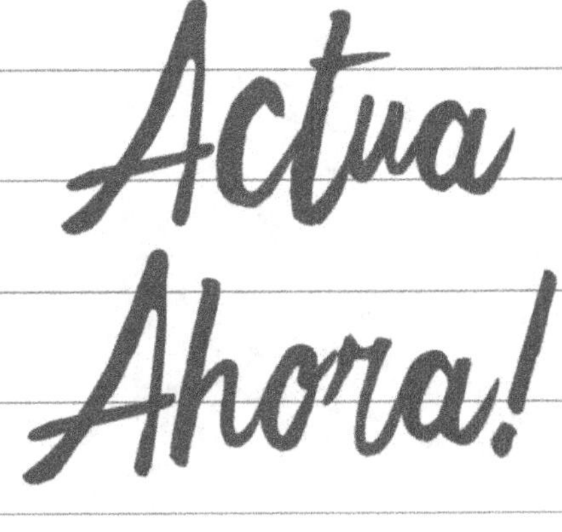

"Tanto si crees que puedes como si crees que no puedes, estas en lo correcto" – Henry Ford

"Nunca podrás cruzar un océano hasta no tener el valor de no mirar a la orilla" Cristobal Colon

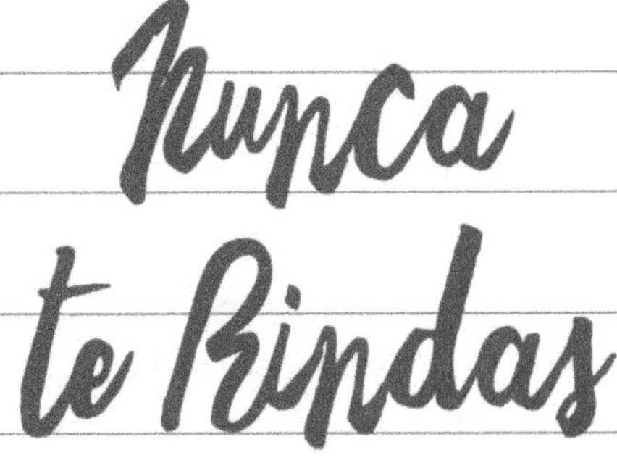

"O tu manejas el dia o el dia te maneja a ti" Jim Rohn

"Cada niño es un artista. El problema es cómo seguir siendo un
artista una vez que crece" – Pablo Picasso

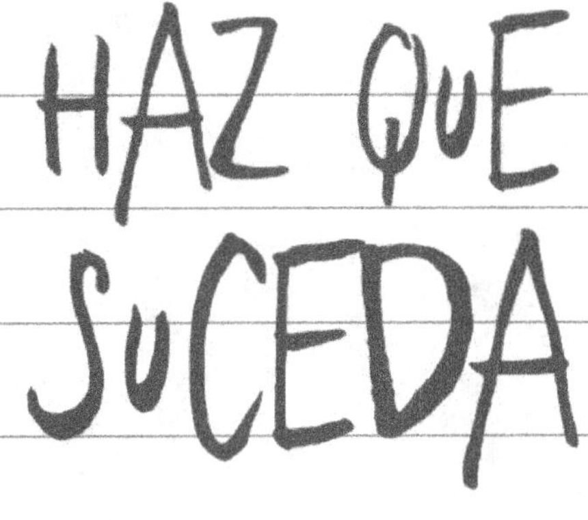

Ganar no lo es todo, pero querer ganar si lo es" -Vince Lombardi

"No soy un producto de las circunstancias, soy un producto de mis decisiones" – Stephen Covey

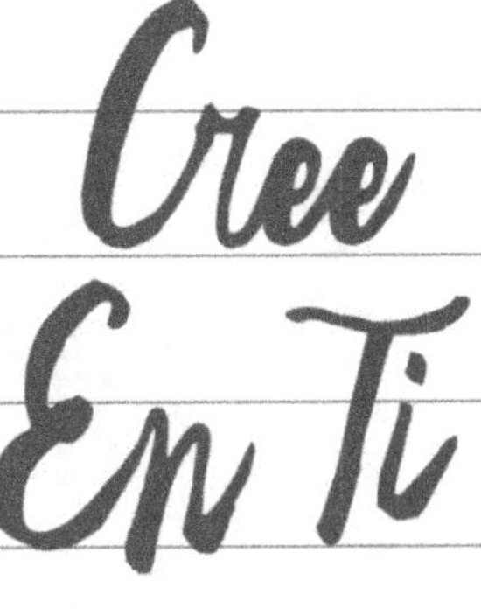

"Empiece donde está. Use lo que tiene. Haga lo que pueda." -
Arthur Ashe

"Tu tiempo en este mundo es limitado así que no lo desperdicies
viviendo la vida de otro" – Steve Jobs

La mente lo es todo. En lo que piensas te conviertes" – Buddha

"El mejor momento para plantar un árbol fue hace veinte años. E
segundo mejor momento es ahora" – Proverbio Chino

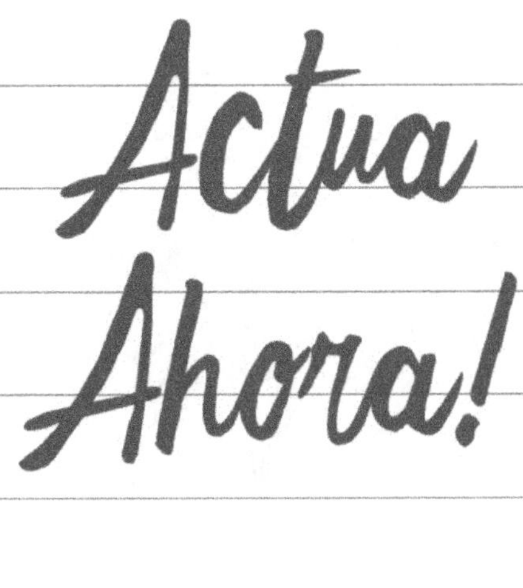

"La manera más fácil en que la gente abandona sus poderes es pensando que no tienen ninguno" – Alice Walker

"Nos transformamos en lo que pensamos" – Earl Nightingale

Nunca
te Rindas

"La vida no se trata sobre obtener y tener, se trata sobre dar y ser" – Kevin Kruse

"Definir un propósito es el punto de partida de todo logro" – W. Clement Stone

HAZ QUE SUCEDA

"Lo más difícil es tomar la decisión de actuar, el resto es pura tenacidad" – Amelia Earhart

"Fallé más de 9000 lanzamientos en mi carrera. Perdí casi 300 juegos. 26 veces confiaron en mi para el lanzamiento decisivo para ganar y fallé. He fallado una y otra vez en mi vida. Es por esta razón que he tenido éxito" Michael Jordan

"Pierdes un 100% de las oportunidades que no aprovechas" –
Wayne Gretzky

"Atribuyo mi éxito a lo siguiente: jamás me refugié en las escusas" – Florence Nightingale

Cree
En Ti

"Lo que sea que la mente humana puede concebir y creer, puede alcanzar" Napoleon Hill

"No se esfuerce para ser exitoso sino para agregar valor"
Albert Einstein

Guarde sus miedos para si mismo, pero comparta su coraje con
los demás" – Robert Louis Stevenson

"Estar feliz significa darse cuenta que usted tiene lo que está buscando" – Alan Cohen

"Piense en lo que tiene en lugar de pensar en lo que no tiene. De las cosas que tiene seleccione la mejor y luego reflexione cuanto apreciaría eso que tiene si no lo tuviera" – Marco Aurelio

HAZ QUE SUCEDA

"La felicidad esta donde la encontramos, pero muy rara vez donde la buscamos" – J. Petit Senn

"Enfóquese en el camino y no en el destino. La satisfacción no está en terminar una actividad sino en disfrutar haciéndola" – Greg Anderson

Nunca
te Rinda

"El guerrero exitoso es el hombre promedio con un super enfoque" – Bruce Lee

Piensa
Positivo

"La gente exitosa y la gente sin éxito en realidad no se diferencian mucho en sus habilidades. Lo que los diferencia es su deseo por alcanzar su potencial" – John Maxwell

"Siempre tenga en cuenta que su propia determinación para tener éxito es más importante que cualquier otra cosa" - Abraham Lincoln

"El éxito es el resultado de pequeños esfuerzos que se repiten día a día" – Robert Collier

GRACIAS POR ESCRIBIR EN TU DIARIO. ENCUENTRA OTROS DISEÑOS
DE DIARIOS PARA ESCRIBIR Y PARA TOMAR APUNTES Y NOTAS AQUI:

www.CreativeJournalsFactory.com

www.ingramcontent.com/pod-product-compliance
Lightning Source LLC
Chambersburg PA
CBHW080027260726
48658CB00007B/2505